Meu Primeiro Livro de
INGLÊS

Este livro pertence a | This book belongs to

....

Happy Books

THE ENGLISH ALPHABET

O ALFABETO INGLÊS

 GOOD!

A — APPLE
(ÉPOU)
MAÇÃ

G — GIRAFFE
(DJIRÁF)
GIRAFA

B — BALL
(BÓL)
BOLA

H — HORSE
(HÓRS)
CAVALO

C — CRAB
(CRÁB)
CARANGUEJO

I — ICE CREAM
(ÁIS KRIM)
SORVETE

D — DOVE
(DÔUV)
POMBO

J — JELLYFISH
(DJÉLIFISH)
ÁGUA-VIVA

E — ELEPHANT
(ÉLEFANT)
ELEFANTE

K — KITE
(KÁIT)
PIPA

F — FOX
(FÓKS)
RAPOSA

L — LION
(LÁION)
LEÃO

M MILK
(MÍLK)
LEITE

N NOSE
(NÔUZ)
NARIZ

O OSTRICH
(ÓSTRITCH)
AVESTRUZ

P PANDA
(PÁNDA)
PANDA

Q QUEEN
(KUÍN)
RAINHA

R ROBOT
(ROUBÓT)
ROBÔ

S SNAKE
(SNÊIK)
COBRA

T TURTLE
(TÂRTOL)
TARTARUGA

U UMBRELLA
(ÂMBRÉLA)
GUARDA-CHUVA

V VAN
(VÁN)
FURGÃO

W WOLF
(UÔLF)
LOBO

X XYLOPHONE
(ZÁILOFÔUN)
XILOFONE

Y YOGURT
(IÔGURT)
IOGURTE

Z ZEBRA
(ZÍBRA)
ZEBRA

THE NUMBERS
OS NÚMEROS

ZERO (ZÍROU) ZERO

ONE (UÂN) UM

TWO (TCHÚ) DOIS

THREE (TRÍI) TRÊS

FOUR (FÓR) QUATRO

FIVE (FÁIV) CINCO

SIX (SÍKS) SEIS

SEVEN (SÉVEN) SETE

EIGHT (ÊIT) OITO

NINE (NÁIN) NOVE

TEN (TÉN) DEZ

SHAPES
FORMAS

 **CIRCLE** (SÂRKOUL) CÍRCULO

SQUARE (SKUÉR) QUADRADO

 **TRIANGLE** (TRÁIANGOUL) TRIÂNGULO

RECTANGLE (RÉKTANGOUL) RETÂNGULO

COLOURS
CORES

RED
(RÉD)
VERMELHO

BROWN
(BRÁUN)
MARROM

GREEN
(GRIN)
VERDE

WHITE
(UÁIT)
BRANCO

YELLOW
(IÉLOU)
AMARELO

GREY
(GRÊI)
CINZA

PINK
(PINK)
COR-DE-ROSA

BLACK
(BLÁK)
PRETO

ORANGE
(ÓRANDJ)
LARANJA

BLUE
(BLÚU)
AZUL

SEASONS
ESTAÇÕES

SPRING
(SPRING)
PRIMAVERA

SUMMER
(SÂMER)
VERÃO

AUTUMN
(ÓTUM)
OUTONO

WINTER
(UÍNTER)
INVERNO

Days of the Week
Dias da Semana

Monday
(MÂNDEI)
SEGUNDA-FEIRA

Tuesday
(TCHÚZDEI)
TERÇA-FEIRA

Wednesday
(UÉNEZDEI)
QUARTA-FEIRA

Thursday
(FÂRZDEI)
QUINTA-FEIRA

Friday
(FRÁIDEI)
SEXTA-FEIRA

Saturday
(SÁTURDEI)
SÁBADO

Sunday
(SÂNDEI)
DOMINGO

Months of the Year
Meses do Ano

January
(DJÁNIUARI)
JANEIRO

February
(FÉBRUARI)
FEVEREIRO

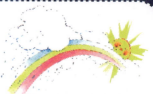
March
(MÁRTCH)
MARÇO

April
(ÊIPRIL)
ABRIL

May
(MÊI)
MAIO

June
(DJÚN)
JUNHO

July
(DJULÁI)
JULHO

August
(ÓGUST)
AGOSTO

September
(SEPTÊMBER)
SETEMBRO

October
(ÓKTÔBER)
OUTUBRO

November
(NOVÊMBER)
NOVEMBRO

December
(DICÉMBER)
DEZEMBRO

FAMILY MEMBERS

MEMBROS DA FAMÍLIA

GRANDPARENTS
(GRANDPÁRENTS)
AVÓS

GRANDFATHER
(GRANDFÁDER)
AVÔ

GRANDMOTHER
(GRANDMÓDER)
AVÓ

PARENTS
(PÁRENTS)
PAIS

RELATIVES
(RÉLATIVS)
PARENTES

FATHER
(FÁDER)
PAI

MOTHER
(MÓDER)
MÃE

UNCLE
(ÂNKOL)
TIO

AUNT
(ÂNT)
TIA

CHILD / KID
(TCHÁILD / KÍD)
FILHO(A) OU CRIANÇA

CHILDREN / KIDS
(TCHÍLDREN / KIDS)
FILHOS(AS) OU CRIANÇAS

COUSINS
(KÂZINS)
PRIMOS(AS)

SON AND DAUGHTER
(SÂN AND DÓTER)
FILHO E FILHA

BROTHER AND SISTER
(BRÓDER AND SÍSTER)
IRMÃO E IRMÃ

SIBLINGS
(SÍBLINS)
IRMÃOS E IRMÃS

BEE (BÍI) ABELHA	B E E ___
HUMMINGBIRD (HÂMINBÂRD) BEIJA-FLOR	HUMMINGBIRD _____
BUTTERFLY (BÂTERFLAI) BORBOLETA	BUTTERFLY _____
CRICKET (KRÍKIT) GRILO	CRICKET _____
FLOWER (FLÁUER) FLOR	FLOWER _____
TOAD / FROG (TÔUD / FRÓG) SAPO / RÃ	TOAD / FROG ____ / ____

BARN
(BÁRN)
CELEIRO

BARN

____

CHICK
(TCHÍK)
PINTINHO

CHICK

_____

COW
(KÁU)
VACA

COW

___

HORSE
(HÓRS)
CAVALO

HORSE

_____

RAM
(RÁM)
CARNEIRO

RAM

___

SHEEP
(SHÍIP)
OVELHA

SHEEP

_____

BEAR
(BÉR)
URSO

BEAR
_ _ _ _

KOALA
(KÔUALA)
COALA

KOALA
_ _ _ _ _

HAWK
(HÓK)
FALCÃO

HAWK
_ _ _ _

HEDGEHOG
(HÉDGEHÓG)
PORCO-ESPINHO

HEDGEHOG
_ _ _ _ _ _ _ _

SLOTH
(SLÓF)
BICHO-PREGUIÇA

SLOTH
_ _ _ _ _

SQUIRREL
(SKUÍRREL)
ESQUILO

SQUIRREL
_ _ _ _ _ _ _ _

ARMADILLO
(ARMADÍLOU)
TATU

ARMADILLO
_ _ _ _ _ _ _ _ _

CHAMELEON
(KAMÍLIAN)
CAMALEÃO

CHAMELEON
_ _ _ _ _ _ _ _ _

GORILA
(GORÍLA)
GORILA

GORILA
_ _ _ _ _ _

LIZARD
(LÍZARD)
LAGARTO

LIZARD
_ _ _ _ _ _

PARROT
(PÁRROT)
PAPAGAIO

PARROT
_ _ _ _ _ _

TIGER
(TÁIGUER)
TIGRE

TIGER
_ _ _ _ _

BUFFALO
(BÂFALOU)
BÚFALO

BUFFALO
_____

CHEETAH
(TCHÍTA)
GUEPARDO

CHEETAH
_____

ELEPHANT
(ÉLEFANT)
ELEFANTE

ELEPHANT
_____

HIPPOPOTAMUS / HIPPO
(HIPOPÓTAMUS / HÍPOU)
HIPOPÓTAMO

HIPPOPOTAMUS
_____
HIPPO _____

LION
(LÁION)
LEÃO

LION
____

RHINOCEROS / RHINO
(RAINÓCEROUS / RÁINO)
RINOCERONTE

RHINOCEROS
_____
RHINO _____

Aeroplane
(ÉROPLÊIN)
AVIÃO

AEROPLANE
_____

Bird
(BÂRD)
PÁSSARO

BIRD
____

Cloud
(KLÁUD)
NUVEM

CLOUD
_____

Moon
(MÚN)
LUA

MOON
____

Star
(STÁR)
ESTRELA

STAR
____

Sun
(SÂN)
SOL

SUN
___

Bus
(BÂS)
ÔNIBUS

BUS
___

Car
(KÁR)
CARRO

CAR
___

Motorbike
(MÓTORBÁIK)
MOTOCICLETA

MOTORBIKE
_____

Scooter
(SKÚTER)
PATINETE

SCOOTER
_____

Ship
(SHÍP)
NAVIO

SHIP
____

Train
(TRÊIN)
TREM

TRAIN
_____

Clown Fish
(KLÁUN FÍSH)
PEIXE-PALHAÇO

CLOWNFISH
_____

Dolphin
(DÓLFIN)
GOLFINHO

DOLPHIN
_____

Seahorse
(CÍ HÓRS)
CAVALO-MARINHO

SEAHORSE
_____

Seal
(CÍAL)
FOCA

SEAL
____

Sea Turtle
(CÍ TÂRTOL)
TARTARUGA-MARINHA

SEA TURTLE
___ _____

Starfish
(STÁRFISH)
ESTRELA-DO-MAR

STARFISH
_____

23

ORCA
(ÓRKA)
ORCA

ORCA
____

OCTOPUS
(ÓKTUPÂS)
POLVO

OCTOPUS
_____

STINGRAY
(STÍNGREI)
ARRAIA

STINGRAY
_____

SHARK
(SHÁRK)
TUBARÃO

SHARK
_____

WALRUS
(UÓLRUS)
MORSA

WALRUS
_____

WHALE
(UÊIL)
BALEIA

WHALE
_____

THE BIRDS

AS AVES

Eagle
(ÍGOL)
ÁGUIA

EAGLE
_ _ _ _ _

Flamingo
(FLAMÍNGOU)
FLAMINGO

FLAMINGO
_ _ _ _ _ _ _ _

Chicken
(TCHÍKEN)
GALINHA

CHICKEN
_ _ _ _ _ _ _

Seagull
(CÍGOL)
GAIVOTA

SEAGULL
_ _ _ _ _ _ _

Swan
(SUÁN)
CISNE

SWAN
_ _ _ _

Woodpecker
(UÚDPÉKAR)
PICA-PAU

WOODPECKER
_ _ _ _ _ _ _ _ _ _

THE INSECTS

OS INSETOS

ANT
(ÁNT)
FORMIGA

ANT
___

DRAGONFLY
(DRÁGONFLAI)
LIBÉLULA

DRAGONFLY
_____

FIREFLY
(FÁIERFLAI)
VAGA-LUME

FIREFLY
_____

FLY
(FLÁI)
MOSCA

FLY
___

LADYBUG
(LEIDIBÂG)
JOANINHA

LADYBUG
_____

SPIDER
(SPÁIDER)
ARANHA

SPIDER
_____

29

CUTE ANIMALS

ANIMAIS BONITINHOS

GOLDFISH
(GÔULDFISH)
PEIXINHO-DOURADO

GOLDFISH
_ _ _ _ _ _ _ _

HAMSTER
(HÁMSTER)
HÂMSTER

HAMSTER
_ _ _ _ _ _ _

KITTEN
(KÍTEN)
GATINHO

KITTEN
_ _ _ _ _ _

PONY
(PÔUNI)
PÔNEI

PONY
_ _ _ _

PUPPY
(PÂPI)
CÃOZINHO

PUPPY
_ _ _ _ _

RABBIT
(RÁBIT)
COELHO

RABBIT
_ _ _ _ _ _

AROUND THE CITY

PELA CIDADE

Bicycle / Bike
(BÁICIKOL / BÁIK)
BICICLETA

BICYCLE / BIKE
_____ / ___

Building
(BÍLDIN)
PRÉDIO

BUILDING
_____

Taxi / Cab
(TÁKSI / KÉB)
TÁXI

TAXI / CAB
____ / ___

Police car
(POLÍS KÁR)
CARRO DE POLÍCIA

POLICE CAR
_____ ___

Traffic Guard
(TRÁFFIK GÁRD)
GUARDA DE TRÂNSITO

TRAFFIC GUARD
_____ _____

Shop
(SHÓP)
LOJA

SHOP
____

33

Flower Bed
(FLÁUER BÉD)
CANTEIRO DE FLORES

FLOWER BED
_ _ _ _ _ _   _ _ _

Drinking Fountain
(DRÍNKIN FÓUNTEIN)
BEBEDOURO

DRINKING FOUNTAIN
_ _ _ _ _ _ _ _
_ _ _ _ _ _ _ _

Park Bench
(PÁRK BÉNTCH)
BANCO DE PARQUE

PARK BENCH
_ _ _ _   _ _ _ _

Slide
(SLÁID)
ESCORREGADOR

SLIDE
_ _ _ _ _

Swing
(SUÍNG)
BALANÇO

SWING
_ _ _ _ _

Tree
(TRÍI)
ÁRVORE

TREE
_ _ _ _

AT HOME

EM CASA

HOUSE
(HÁUS)
CASA
HOUSE

CHAIR
(TCHÉR)
CADEIRA

KITCHEN
(KÍTCHEN)
COZINHA

WINDOW
(UÍNDOU)
JANELA

RUG
(RÂG)
TAPETE

CURTAINS
(KÂRTANS)
CORTINAS

TABLE
(TÊIBOL)
MESA

ROOF
(RÚF)
TELHADO

BED
(BÉD)
CAMA

DOOR
(DÓR)
PORTA

DESK
(DÉSK)
ESCRIVANINHA

GATE
(GUÊIT)
PORTÃO

GARAGE
(GARÁDJ)
GARAGEM

IN THE KITCHEN
NA COZINHA

FRUITS
(FRÚTS)
FRUTAS

VEGETABLES
(VÉDJETBOUS)
VEGETAIS / LEGUMES

CAKE
(KÊIK)
BOLO

HONEY
(HÂNEI)
MEL

CHEESE
(TCHÍIZ)
QUEIJO

HAMBURGER
(HÂMBÂRGÂR)
HAMBÚRGER

MILK
(MÍLK)
LEITE

PIZZA
(PÍTZA)
PIZZA

CHICKEN
(TCHÍKEN)
FRANGO/GALINHA

JUICE
(DJÚS)
SUCO

LET'S HAVE A BREAK.
VAMOS FAZER UMA PAUSA.

BISCUITS
(BÍSKUITS)
BISCOITOS / BOLACHAS

SNACK
(SNÁK)
LANCHE

HOT DOG
(HÓT DÓG)
CACHORRO-QUENTE

YOGURT
(IÔGURT)
IOGURTE

IN THE BATHROOM
NO BANHEIRO

SHOWER
(SHÁUER)
CHUVEIRO

SOAP
(SÔUP)
SABONETE

HAIRBRUSH
(HÉRBRÂSH)
ESCOVA DE CABELO

BATHTUB
(BAFTÂB)
BANHEIRA

TOWEL
(TÁUEL)
TOALHA

SHAMPOO
(SHAMPÚ)
XAMPU

BATHROBE
(BAFRÔUB)
ROUPÃO

BATH TIME
HORA DO BANHO

SPONGE
(SPÂNDJ)
ESPONJA

HAIRDRYER
(HÉRDRÁIER)
SECADOR DE CABELOS

LIQUID SOAP
(LÍCUID SÔUP)
SABONETE LÍQUIDO

TAP
(TÁP)
TORNEIRA

TOOTHPASTE
(TÚFPÊIST)
PASTA DE DENTES

TOOTHBRUSH
(TÚFBRÂSH)
ESCOVA DE DENTES

TOILET
(TÓILET)
VASO SANITÁRIO

AT SCHOOL

NA ESCOLA

TEACHER
(TÍTCHER)
PROFESSOR(A)

BOOKS
(BÚKS)
LIVROS

STUDENT
(STIÚDENT)
ALUNO(A) / ESTUDANTE

BIB
(BÍB)
BABADOR

MARKERS
(MÁRKERS)
MARCADORES/ CANETÕES

BACKPACK
(BÉKPÉK)
MOCHILA ESCOLAR

PENCIL HOLDER
(PÉNCIL HÔULDER)
PORTA-LÁPIS

FUN TIME!
HORA DA DIVERSÃO!

CUBES
(KÍUBS)
CUBOS

PLAYHOUSE
(PLÊIHAUS)
CASINHA DE BRINCAR

PARTS OF THE BODY
PARTES DO CORPO

JOIN THE PART OF THE BODY TO THE WORD.
LIGUE A PARTE DO CORPO À PALAVRA.

ARM
(ÁRM)
BRAÇO

EAR
(ÍER)
ORELHA

EYE
(ÁI)
OLHO

FOOT
(FÚT)
PÉ

HAIR
(HÉR)
CABELOS

HAND
(HÁND)
MÃO

SHOULDER
(SHÔUDER)
OMBRO

NOSE
(NÕUZ)
NARIZ

NECK
(NÉK)
PESCOÇO

MOUTH
(MÁUF)
BOCA

LEG
(LÉG)
PERNA

40

CLOTHES
ROUPAS

MATCH THE PICTURES TO THE WORDS AND WRITE THEM DOWN.
LIGUE AS FIGURAS COM AS PALAVRAS E AS ANOTE.

COAT
(KÔUT)
CASACO

PULLOVER
(PULÔVER)
SUÉTER / PULÔVER

TRAINERS
(TRÊINERS)
TÊNIS

WOOL CAP
(WÚL KÁP)
TOUCA DE LÃ

T-SHIRT
(TÍ SHÂRT)
CAMISETA

SOCKS
(SÓKS)
MEIAS

TROUSERS
(TRÁUSERS)
CALÇAS

PLAY AND LEARN
BRINQUE E APRENDA

MAKE ENGLISH LEARNING FUN!
TORNE O APRENDIZADO DO INGLÊS DIVERTIDO!

COMPLETE AND COLOUR IT!
COMPLETE E PINTE!

SEE-SAW
(SI-SÓ)
GANGORRA

FOOTBALL BALL
(FÚTBOL BÓL)
BOLA DE FUTEBOL

CATERPILLAR TUNNEL
(KÁTERPILAR TÂNEL)
TÚNEL DA LAGARTA

BALL
(BÓL)
BOLA

JIGSAW PUZZLE
(DJIGSÓ PÂZOU)
QUEBRA-CABEÇA

TOY CAR
(TÓI KÁR)
CARRO DE BRINQUEDO

SAND BOX
(SÁND BÓKS)
CAIXA DE AREIA

RAG DOLL
(RÁG DÓL)
BONECA DE PANO

CAROUSEL
(KÁROUCEL)
CARROSSEL

42

SWEETS AND GOODIES

DOCES E GULOSEIMAS

DRAW THE WAY TO THE ICE CREAM SHOP.
Desenhe o caminho até a sorveteria.

Diga os números em inglês.

Juice
(djús)
suco

0 Zero/Oh
(zíro/ôu)
zero

1 One
(uân)
um

2 Two
(tchú)
dois

3 Three
(tríi)
três

4 Four
(fór)
quatro

5 Five
(fáiv)
cinco

Biscuit
(bískuit)
biscoito/bolacha

Ice Cream
(áis krim)
sorvete

6 Six
(síks)
seis

Popcorn
(pópkorn)
pipoca

7 Seven
(séven)
sete

8 Eight
(êit)
oito

9 Nine
(náin)
nove

Lollypop
(lólipóp)
pirulito

10 Ten
(tén)
dez

Popcicle
(pópcikol)
picolé

Ice Cream Shop
(áis krim shóp)
sorveteria

43

CROSSWORDS
PALAVRAS-CRUZADAS

WRITE THE NAMES OF THE OBJECTS IN THE CROSSWORD. (IN ENGLISH)

ESCREVA OS NOMES DOS OBJETOS NAS PALAVRAS-CRUZADAS. (EM INGLÊS)

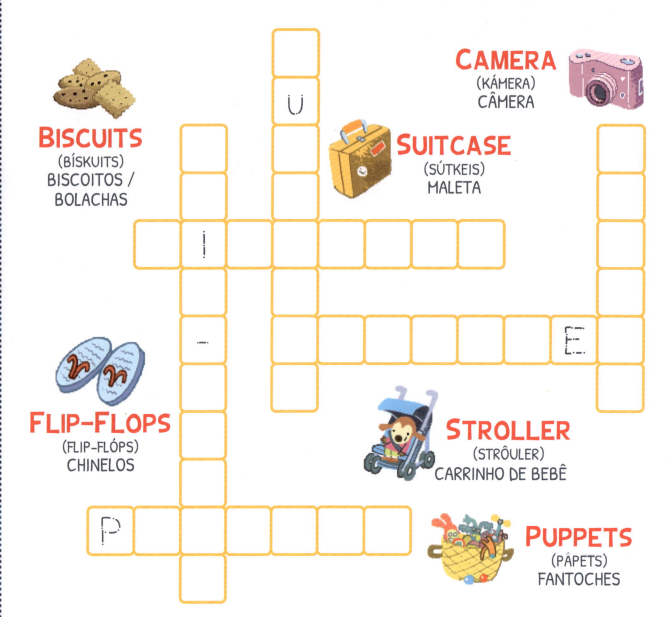

BISCUITS
(BÍSKUITS)
BISCOITOS / BOLACHAS

CAMERA
(KÁMERA)
CÂMERA

SUITCASE
(SÚTKEIS)
MALETA

FLIP-FLOPS
(FLIP-FLÓPS)
CHINELOS

STROLLER
(STRÔULER)
CARRINHO DE BEBÊ

PUPPETS
(PÅPETS)
FANTOCHES

CROSSWORDS
PALAVRAS-CRUZADAS

LOOK AT THE PICTURES, READ AND WRITE THE WORDS.
OLHE AS FIGURAS, LEIA E ESCREVA AS PALAVRAS.

TRAVEL
(TRÁVEL)
VIAJAR

GLASSES
(GLÁSSES)
ÓCULOS

CAP
(KÁP)
BONÉ

SCARF
(SKÁRF)
CACHECOL

SHORTS
(SHÓRTS)
CALÇÃO / BERMUDA

PENCIL
(PÉNCIL)
LÁPIS

GLOVES
(GLÔUVS)
LUVAS

45

WORDSEARCH
CAÇA-PALAVRAS

FIND THE NAMES OF THE PICTURES IN THE WORDSEARCH.
ENCONTRE OS NOMES DAS FIGURAS NO CAÇA-PALAVRAS.

Fox
(FÓKS)
RAPOSA

Aquarium
(AQUÁRIUM)
AQUÁRIO

Coffee
(KÓFI)
CAFÉ

Calendar
(KÁLENDAR)
CALENDÁRIO

Fan
(FÁN)
VENTILADOR

Stone
(STÔUN)
PEDRA

Sand
(SÁND)
AREIA

Snack
(SNÁK)
LANCHE

Binoculars
(BINÓKIULARS)
BINÓCULOS

Wasp
(UÁSP)
VESPA

Fireman
(FÁIERMAN)
BOMBEIRO

Ferret
(FÉRRET)
FURÃO

46

FRUITS
FRUTAS

MATCH THE WORDS TO THE FRUITS.
LIGUE AS PALAVRAS ÀS FRUTAS.

CHERRY
(TCHÉRRI)
CEREJA

APPLE
(ÉPOU)
MAÇÃ

PLUM
(PLÂM)
AMEIXA

PEAR
(PÉR)
PERA

PEACH
(PÍITCH)
PÊSSEGO

BANANA
(BANÁNA)
BANANA

VEGETABLES
VEGETAIS / LEGUMES

MATCH THE WORDS TO THE VEGETABLES.
LIGUE AS PALAVRAS AOS VEGETAIS.

CARROT
(CÁRROT)
CENOURA

EGGPLANT
(ÉGPLANT)
BERINJELA

ONION
(ÔNION)
CEBOLA

PEAS
(PÍIS)
ERVILHAS

PEPPER
(PÉPER)
PIMENTÃO

TOMATO
(TOMÁTO)
TOMATE

47

PLAY WITH ENGLISH

BRINQUE COM O INGLÊS

LOOK AT THE PICTURES AND WRITE THE WORDS.
OLHE AS FIGURAS E ESCREVA AS PALAVRAS.

COMPLETE THE SENTENCES BY FILLING IN THE BLANKS WITH THE NAMES OF THE PICTURES.
COMPLETE AS FRASES PREENCHENDO OS ESPAÇOS VAZIOS COM OS NOMES DAS FIGURAS.

THE _ _ _ AND THE _ _ _ _ ARE ANIMALS.   THE _ _ _ AND THE _ _ _ ARE INSECTS.

A VACA E O LEÃO SÃO ANIMAIS.   A FORMIGA E A MOSCA SÃO INSETOS.

_ _ _ _ _ AND _ _ _ ARE MACHINES.   THE _ _ _ _ AND _ _ _ _ _ ARE OBJECTS.

O ROBÔ E O ÔNIBUS SÃO MÁQUINAS.   A BOLA E AS BOTAS SÃO OBJETOS.

48